にほんよいくに ❶

日本《にほん》の神《かみ》さま

もくじ

高天原《タカマノハラ》の神《かみ》さま

むかしむかし、おおむかし。

空《そら》のずっと上《うえ》のほうに、タカマノハラ、というところがあって、たくさんの神《かみ》さまが、住《す》んでおられました。

あるとき、ふわふわした雲《くも》を、右左《みぎひだり》とかきわけて、はるか下《した》をのぞいてみたら、おおぜいの人《ひと》が、くらしているのが見《み》えました。

「おおこれは、これは。わたしの子《こ》どもたちは、元《げん》気《き》にくらしているみたいだな。」

「どぉれ、こりゃまた、ずいぶんふえたなぁ。」

「どうだろう、子《こ》どもたちのために、お米《こめ》がたくさんとれて、みんなが幸《しあわ》せにくらせる、平和《へいわ》な国《くに》ができるよう、力《ちから》をかしてやらないか？」

「それはいい考《かんが》えだね！」

神《かみ》さまたちは、いい思《おも》いつきに、おおよろこび。

「どうしたらいいかな？」

さっそく、どうしたらすてきな日本《にほん》の国《くに》ができるのか、みんなで知恵《ちえ》をしぼって、そうだんしました。

おうちの方へ

『古事記《こじき》』のこと

奈良時代に『古事記』という日本でもっとも古い歴史書が作られました。中にたくさんの神話が語られていますが、今は架空の物語と思われています。けれどこれは、日本人の持つ自然観、宇宙観を物語風に書いたすばらしいお話です。

この世の中は、百五十億年以上も前に、神様のお心によって、ビックバンという大爆発が起こり出来てきました。まず、小さすぎて目に見えない素粒子《そりゅうし》が生まれ、それらがバランスをとりながら核となり、さらに電子という波動とバランスをとって、物質の最小単位の原子となりました。これをその通りに、『古事記』の神話は語っているのです。

神話のこと

宇宙の中心にいる神様を神話では、アメノミナカヌシノカミ（天之御中主神）と言われます。次に現れるのは、タカミムスビノカミ（高御産巣日神）、カミムスビノカミ（神産巣日神）という、いろいろなものを結び付けるむすびの神様です。最初は素粒子ひとつひとつのように独神《ひとりがみ》が現れて、次にむすびの神様の働きで夫婦の結び付きを持つ神様が現れてこられます。そしてイザナギノミコト（伊邪那岐命）、イザナミノミコト（伊邪那美命）のご夫婦の神様が現れて、たくさんの神様や国やいろいろなものをお産みになるのです。

日本の神話では、外国の宗教のように「神様がものを造られた」とはいいません。たくさんいらっしゃる神様もあらゆるものもすべて、「お産みになった、生まれ出た」といっています。これは、宇宙にあるものは循環とバランスの中で生まれてきたことや、イノチが親から子へと受け継がれていくものであることを、表しているのです。

日本人のもと

日本人が、いつごろから日本列島に住み着いたのか、いつごろから日本人が誕生したのか、今でもはっきりはしません。おそらく日本列島にいろいろな民族がはいってきて、長い間暮らしているうちに混ざりあって、日本人の祖先である縄文人になったと思います。そして恵まれた環境の中で二万年以上も暮らしているうちに、「すべてのものと対立しないで共生する」、「生かされていることに感謝する」というような、すばらしい人生観を持った日本民族となったのです。そして、お米を主食とし、神様やご祖先のおかげで生かされていることに感謝する生活を送ってきました。

そして今

けれども今は、このことをすっかり忘れてしまって、自信をなくし、日本のことを悪く言うようになってしまいました。子どもたちは、そのことを教わることがないので、日本人に生まれたという自信や誇りを持たなくなっています。このままでは日本の国はどうなってしまうか、心配でなりません。

一日でも早く子どもたちに、日本の国はすばらしい、良い国だということを伝えなければいけません。そのお話を、これから進めたいと思います。

天《てん》のめぐみと地《ち》のめぐみ

タカマノハラの神《かみ》さまは、あったかい太陽《たいよう》の光《ひかり》で、地上《ちじょう》をてらしました。

ときには、雨《あめ》をふらしてみます。ときどき、ピカッとかみなりを出《だ》して、人《ひと》をびっくりさせます。

これも、空《そら》の上《うえ》、天《てん》からやってくるおめぐみ。

地《ち》上《じょう》にいらっしゃる神《かみ》さまは、地面《じめん》のそこから出《で》てくるふしぎな力《ちから》で、花《はな》をさかせました。

大《おお》きな木《き》が、しっかり根《ね》をはれるように、育《そだ》てました。食《た》べるものが、たくさんみのるのも、そうです。

これは、地《ち》のおめぐみ。

天《てん》と地《ち》、りょうほうがあって、みんなは、生《い》きることができる。

天《てん》と地《ち》のおめぐみ、いっぱいあるね。

おうちの方へ

天津神《あまつかみ》と国津神《くにつかみ》

神話の中では、天にも地にも、いろいろな場所やものにも、神様が宿《やど》っていらっしゃることが語られています。日本の国には本当にたくさんの神様がいるので「八百万《やおよろず》の神」というくらいです。

その中で日本人は、自分たちが天津神と国津神という、両方の神様の恵みをたくさん受けて生かされていることを知っていました。ですから神様をお祀《まつ》りし、感謝をささげる生活をしてきたのです。天津神とは、日光、空気、雨など、空からいろいろなお恵みをくださる神様です。国津神とは、地の底からのエネルギーで、土地や川や海などに豊かな恵みをもたらし、生き物を生かしてくださる神様です。

生命の誕生

今から約三十八億年前、地球の海で生命は誕生しました。今でも海の水が引いた干潟《ひがた》の泥の中には、無数の生物が生きていて、ぴちぴちと音を立てています。そのような、日光を十分にうけ、海の水の生命力も、共に得ているところで、初めの生命が誕生したのだと思います。

海水の塩は、地中から噴き出したマグマが海の中に吹き出て出来たものです。海に溶け出した地中のマグマのエネルギーと、太陽の光という天のエネルギーの両方が満ちたところに、生命は誕生したのです。海水がなければ生命は誕生しませんでした。だから我々の体も60%は塩水の体液から出来ています。

天と地の恵み

この天と地の両方のエネルギーを十分に受けているのが樹木です。樹木は地中深く根を張って、地からのエネルギーを体内に取り入れます。一方、葉を茂らせて、日光のエネルギーをいっぱいに受け、葉っぱが光合成によって酸素をどんどん産み出しています。ですから千年を越えて生きる樹木もあるでしょう。

人間は、地の中に足を入れていませんが、地のエネルギーの結晶であるお米や野菜を食べることで、地のエネルギーを得ています。なかでも、田んぼで作られるお米には、天のエネルギーと、日本の土地のエネルギーをたくさん受けて育った稲から生まれてきます。ですから、「お米こそ、日本人のエネルギーだ」ということを昔の人は知っていたのでしょう。お米が出来ることを一年中神様に祈って、大切に育ててきました。お米は日本人の生命の原点といえるのです。

ですが近年は、ただカロリーだとか、栄養だとかということだけを考えて食事をし、田を減らして米離れをしてきました。子どもたちは、米がどんなに天と地の恵みを受けて育ったかを知りません。私は今の子どもたちの生命力の衰えの原因の一つは、こういう恵みに触れることが少なくなったからだと思います。

子どもたちをはだしで歩かせることや、お米を主食として食べさせることなど、天と地のお恵みをいっぱい受けることが、丈夫な子どもには欠かせないのです。

水《みず》のふしぎなはたらき

体《からだ》のなかの水《みず》が
きれいなら、元気《げんき》！

体《からだ》のなかの水《みず》が
よごれると、しょんぼり

水《みず》は、いろんなかたちに、へんしんする、とくぎをもっています。


川《かわ》の水《みず》。

海《うみ》の水《みず》。

のみ水《みず》。

すいじょうき。

雨《あめ》。

こおり。

ぜんぶ、水《みず》だ。

水《みず》は、すがたをかえながら、山《やま》や、川《かわ》や、海《うみ》や、空《そら》、いろんなところを、ぐるぐるめぐっている。


みんなは、毎日《まいにち》、水《みず》をのむでしょう？　どうしてかな？

植物《しょくぶつ》や、動物《どうぶつ》、人《ひと》の体《からだ》のなかにも、水《みず》がある。水《みず》がないと、生《い》きものは、からからにかわいてしまって、死《し》んでしまう。

水《みず》は、神《かみ》さまが、生《い》きものたちに、くださった、すばらしいめぐみです。森《もり》の木《き》も、海《うみ》の魚《さかな》も、みんな、水《みず》を大切《たいせつ》に守《まも》っている。どんなところにある水《みず》も、よごさないようにしているんだ。みんなは、どうかな？

水の循環

どんな生物も、水なくして生きていくことは出来ません。今から約三十八億年昔に、地球の水中で生物が生まれたように、水は単なるH_2Oではなく、命を生まれさせるすばらしい力を持っているのです。

それは、よどんだ水ではなくて、つねに循環しているきれいで新鮮な水でなくてはなりません。海水が蒸発して雲となり、雪や雨となって山に降り、川を経てまた海へ戻ってくる水。海が波打つのも潮の流れも、水の循環には必要なことです。そうやって水が姿を変えながら循環することで、地球には生命があふれているのです。しかし現在は、木を切り、川を汚し、護岸工事で海岸を固めたり、海を人の都合で作り替えるなど、水の生命力を奪うようなことばかり行われています。

ですがこの宇宙、この世界中のもの、何一つとして無関係に存在するものはなく、お互いが、全体の循環とバランスの中で生きています。自分勝手に水を汚すことは、ほかの生命だけでなく、自分自身の首を絞めてしまうことだと気づかなくてはなりません。

いい水とは

日本の国は、世界でも有数な水のきれいな国です。昔の日本人は、今科学で我々が理解しているようなことは知りませんでしたが、周りにある自然を見て、この水の持つ大切さを分かっていました。木の茂る山に降った雨は、地面に積もった落ち葉の中を通って土の中に入り、不純物が取り除かれて、木のいろいろな栄養や地中のエネルギーがとけこんだ地下水となります。この地下水は、地中を一メートル移動するのに、一年くらいかかるといわれますから、雨が降ってから何百年もたったものが、すばらしい湧き水となって現れてくるのです。

ところで、我々の体の細胞のひとつひとつには遺伝子というものがあり、そこに人体の設計図をはじめ、生きるために必要なさまざまな知恵——大昔からの神様の知恵と、祖先が経験の積み重ねから得てきた知恵——が、遺伝情報として伝えられています。この知恵によって我々は生かされていますが、知恵を遺伝子から引き出してうまく活用するのが体液、つまり体の中を流れる水です。その時、きれいな水でないと、ちゃんとした知恵は伝わってきませんから、人は生命力あふれるきれいな水を飲むことが大切なのです。

水を守る知恵

こういう、すばらしい水を保つために、昔の日本人は山に神を祀り「ここは神の山だから人は入ってはいけない」と、山の自然を守ってきました。ですから、山や山の入口にはよく神社があります。

春日大社も、境内に三十万坪の原始林があり、そこから流れてくる水は、人間の体にとてもいい水です。その流れを見ていると、奈良時代の都の人たちもこの水で生活していたのかと、つくづくありがたさを感じます。自然をこのようにして守ってきた日本人の知恵に、もう一度目をむけてほしいと思います。

自然《しぜん》にめぐまれた国《くに》

地《ち》球《きゅう》は、ひろくて大《おお》きいので、いろんなところがあります。

あつくて、あつくて、雨《あめ》のほとんどふらないところ。のどがかわいて、たまりません。

さむくて、さむくて、いつまでたっても、雪《ゆき》がとけないところ。つめたく、こおってしまいそう。

みんなのすんでいる日本《にほん》は、

春《はる》、
夏《なつ》、
秋《あき》、
冬《ふゆ》、

よっつのきせつが、めぐっているところです。じゅんばんにやってくる、きせつにあわせて、自然《しぜん》のなかまたちは、元気《げんき》にくらしている。

草《くさ》や、木《き》の緑《みどり》に、かこまれていて、きれいな水《みず》も、わき出《で》るところ。生《い》きものたちがあふれる、ほかにはめったにない、すてきな国《くに》。

だいすきな国《くに》。

おうちの方へ

日本のもと

日本の国がどうしてこんなに環境がいいのか？それは、日本列島の現れ方、さらには地球の位置などのさまざまな神秘的な条件が重なったからだと思います。

今から約三万年以上前は、氷河期の地球はまだ寒くて、海の水面が今よりも百メートル以上低く、日本列島は大陸とくっついていて、北方からも南方からもたくさんの人が移動してきました。ところが二万年くらい前になると地球が温暖化し、北極・南極の氷が溶け、海の水が増えて、現在のように日本は島になったのです。

日本列島に住んでいた人は、大陸と離れて住むようになったため、島の中で、いろんな民族の人が住んで混ざっていくうちに、いわゆる日本人の祖先である縄文人が出来たのだと思います。

自然の中で

その縄文人が住んでいた日本列島は、大昔の地殻変動によって大陸から離れた陸地と、南方から移動してきた陸地とが、ぶつかりあって出来た狭い島です。ぶつかりあったものだから、中央に山脈が出来、日本海側と太平洋側に向かってたくさんの川が流れています。これが、日本にきれいな水が豊富にある大きな要因です。

大陸では、適度に山がないと川が生まれませんから、広大な平原が広がるアフリカ大陸のように水が不足する場所もあります。また大陸の大きな山から下りてくる大きな川の流れは、非常に力があるため、治水も日本の小さな川のようにはいかず、周囲に水をひいて豊かな野原をつくることが難しい場合もあります。

また、川だけではなく、日本に春夏秋冬の四季がはっきりしていることも重要です。豊かな自然の中で、季節に応じて山野や田畑、海からもたらされるたくさんの恵み。くわえて四季の変化は、人の脳と体にいつもいい刺激を与え、それに順応して生きてゆくことで健康で長生きできるように、日本人の体はなってきたのです。

日本人の人生観

そういうことを考えてみると、本当にすばらしい環境に日本が出来ていることを感じます。これはおそらく、神様が「すばらしい人生観を持った日本民族」というものを造るために、導かれたからではないでしょうか？

昔の人は、このような環境に長い間暮らしているうちに、人の力のおよばない世界のことや、神様のお力やお恵みを、強く感じてきたのです。だからこそ、祖先たちは、自然の力に対抗したり、征服したりするのではなく、自然をはじめとするすべてのものと、対立しないで共生し、生かされていることに感謝し続けてきました。そして、そのむこうにある神様のお心にも手を合わせるという、世界でもまれな人生観を持った日本人になったのでしょう。

自然《しぜん》の声《こえ》を聞《き》いてみよう

風《かぜ》の音《おと》は、なんていってるの？
鳥《とり》はおしゃべりに、むちゅうだね。
森《もり》の木《き》が、なにか、ささやいている。
海《うみ》のなみも、くり返《かえ》し、くり返《かえ》し、
わらい声《ごえ》が、止《と》まらない。
ほら、しずかに。しずかに、耳《みみ》
をすませて、自然《しぜん》の声《こえ》を聞《き》こう。
だいがっしょうしているのが、
聞《き》こえるでしょう？

「みんなで、いっしょに歌《うた》おうよ。」
って、さそっているよ。
ねえ、どんな歌《うた》か、わかるかな？
それは、
「みんな、せいいっぱい生《い》きてい
る。」
っていう歌《うた》を、いろんな声《こえ》で歌《うた》っ
ているんだ。
公園《こうえん》や、野原《のはら》や、山《やま》、川《かわ》、海《うみ》に
いる、たくさんの生《い》きものたちに、
あいにいこう。
うちで、ゲームばっかりしてい
ないで。

外《そと》に出《で》て、自《し》然《ぜん》の声《こえ》や、歌《うた》を聞《き》
こうよ。きっと、みんなの知《し》らな
いことが、いっぱい見《み》つかるから。

自然の楽器

外国では、さまざまな楽器が発達しましたが、日本では本来、あまり多くの楽器がありませんでした。それは、日本人が音楽に興味を持たなかったからではなくて、自然の音を聞いてそれを音楽にしてきたので、とりたてて楽器を作る必要がなかったのです。

たとえば、夏の暑い盛りの蝉の声などを、外国人は「やかましいノイズ」と思って聞くそうです。でもすが私たちは「ああ夏が来たなあ、夏らしいなあ」と感じます。「静けさや　岩にしみいる蝉の声」とは有名な芭蕉の俳句ですが、ミンミン鳴く蝉の声を聞いて、自然の静けさを知るという感覚は、世界で日本人だけが持っている、すばらしい自然観です。

こうして日本人は、虫の声、川のせせらぎ、そよ風の音など、すべて自然の音を聞いて独特の感性を磨きながら生活してきました。その中から、人は自分の力で生きているのではなく、自然や周りからのいろいろな力を借りて生かされていることに気づき、すべてのものと共生するという知恵を身につけたのです。

しかし現代は、人工的な音や映像などを見たり聞いたりしているために、このような知恵が忘れ去られています。

毛のない皮膚

ところで、動物は多くの毛で覆われ、鳥には羽が、魚にもウロコがあります。けれど人間の皮膚だけつるつるしていて毛が少ないのはなぜでしょうか？

それは神様が人間から毛を少なくし、じかに皮膚全体で自然の声を聞けるようにされたからだと思います。意外かもしれませんが、動物は暑さで汗をかくことができません。毛に覆われた動物は体の中に熱がこもりやすく、暑さで死んでしまうこともあります。馬は汗をたくさんかきますが、人間の場合とは違っていて、運動した時にだけ汗をかくという仕組みです。暑さでは汗は出てこないのです。暑い季節に犬が口でハアハア息をするのも、汗をかけないから、舌で少しでも熱を逃そうとしているのです。

しかし人間は、暑い時に汗をかいて体温調節することができるので暑さに強いし、衣服を重ね着することで寒さも防げます。自然の声を聞きながら一年を通して活発に動けるので、これだけ人間が進化したのです。

外に出てみて

ことに日本は、春夏秋冬の変化がはっきりした国です。寒いから、暑いからといって、快適な家の中でゲームばかりしていたら、自然の声は届きません。寒い時に外に出て寒さを体で感じると、体は寒さに負けない体を作り、暑い時には暑さに耐える体になり、自然の変化に順応して、健康な生活ができるのです。

子どもさんたちをできるだけ外で遊ばせて、自然の音を聞き、自然と共に生きて、自然から学ぶ知恵を身につけさせてあげてください。そして、自然への感謝の気持ちも忘れずにいてほしいと思います。

なら公園《こうえん》に、すむシカは、
どうして、
おうだんほどうを、わたるのかな？

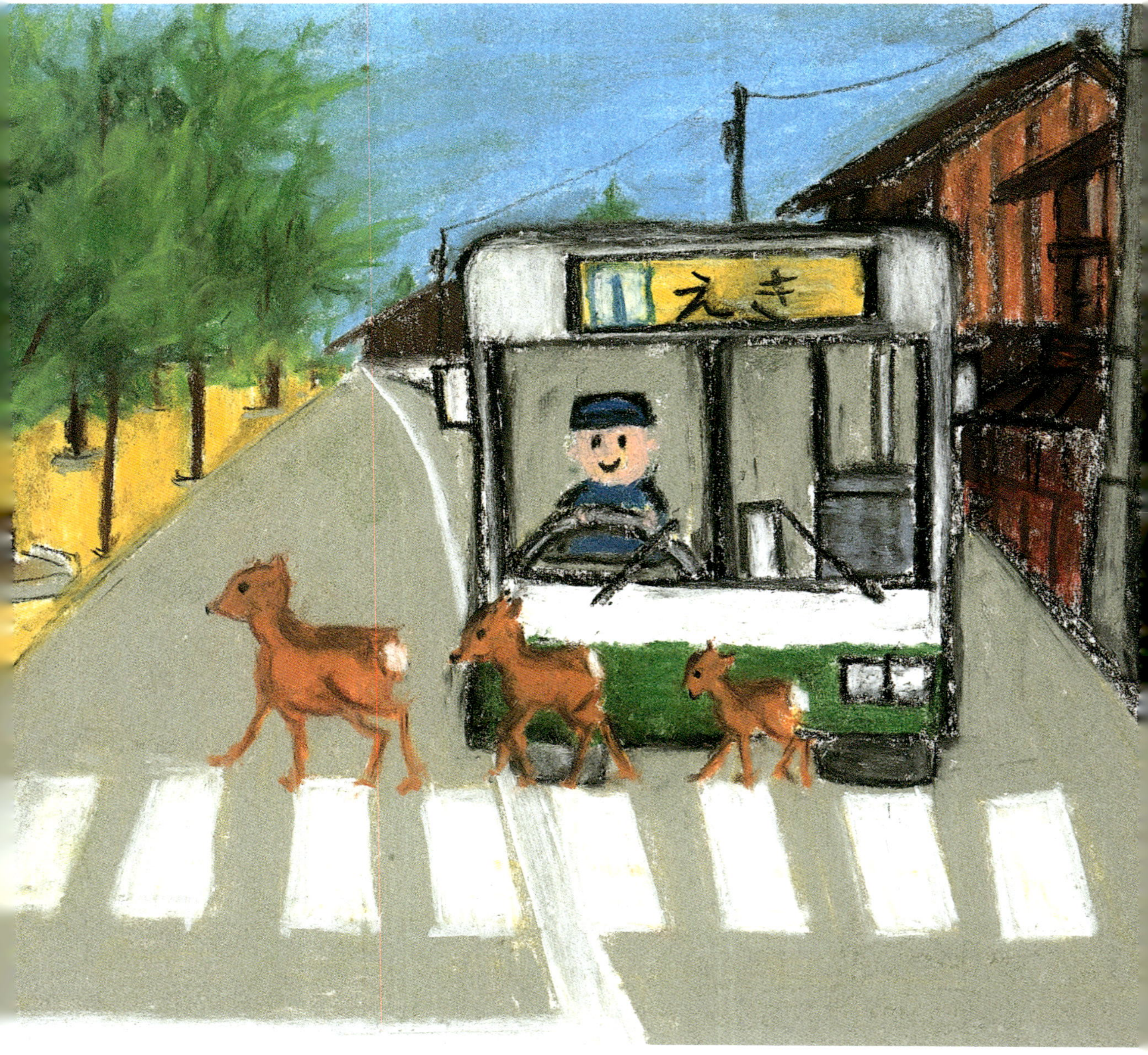

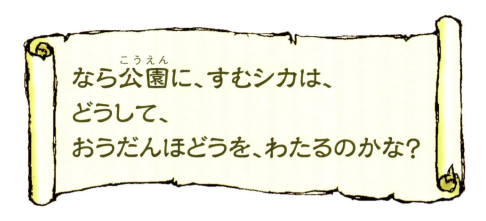

車《くるま》が走《はし》っている道《みち》にとび出《だ》したら、人《ひと》も、シカも、びっくりするでしょ。

ぼくたちシカだって、ふだんはちゃんと、あおしんごうを守《まも》っているよ。

だって、ここは、ぼくらのすみか、「なら公園《こうえん》」だから。

こうつうルールくらい、知《し》ってるさ。

ちょっとあいさつしたら、人《ひと》はぼくらに、おやつのおせんべいを、くれるよね。

人《ひと》は、シカを友《とも》だちと、思《おも》ってくれているのかな？

ぼくたちシカは、人《ひと》を、友《とも》だちと、思《おも》っているよ。

おうちの方へ

野生の鹿

奈良公園にいる鹿たちは、つながれているわけでも飼われているわけでもなく、当り前のようにそこにいるので、「どうしているのか」と考えることもあまりないかもしれません。しかしこれは、長年鹿と共に生きよう、野生の鹿たちと共存しようとしてきた、いにしえの人の努力があり、我々もまた気遣っているからこそ、鹿たちがそこにいてくれるのです。

おそらく鹿は、人間を友だちと思っているのでしょう。人間は自分たちに決して害を加えないことを知っているので、奈良の町中でも悠々《ゆうゆう》と歩いているのです。この姿は、日本人が古くからあらゆるものと共生してきたことをよく表しており、世界的にも珍しいことです。

ですが最近、交通事故にあう鹿が増えているとか、もう少し、人間も悠々と車を走らせたいですね。

自然の音と楽器の音

ごぞんじですか？

手水《てみず》の使《つか》いかた

神社にお参《まい》りする前に、水で清《きよ》めましょう。

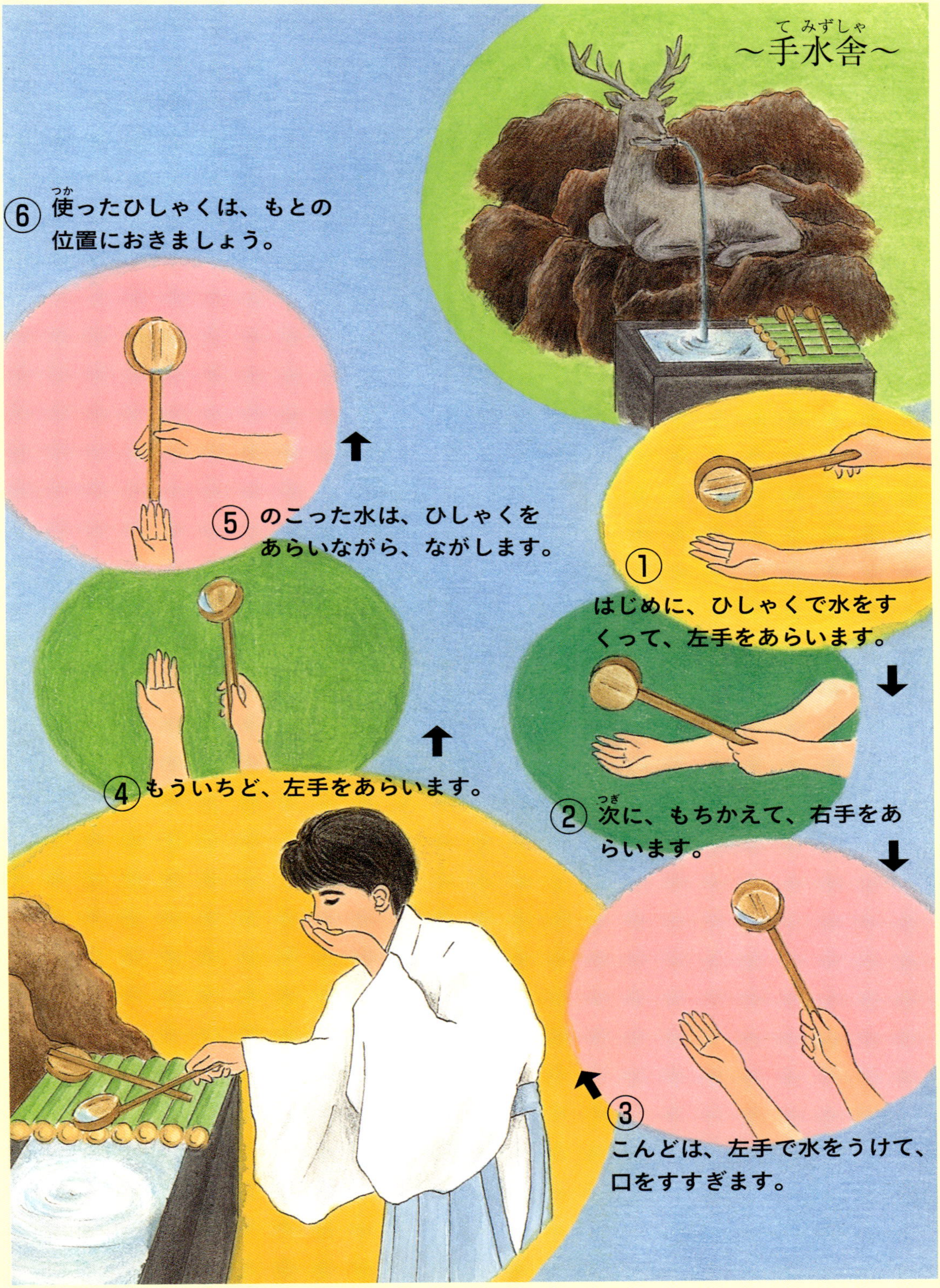

鎮守《ちんじゅ》の森《もり》

春日大社《かすがたいしゃ》の、うしろにひろがる、春日山《かすがやま》。
ここは神《かみ》さまの山《やま》だから、ずっとながいあいだ、人《ひと》が、山《やま》にのぼりませんでした。
いろんなしゅるいの木《き》が、思《おも》い思《おも》いに、葉《は》っぱをひろげています。
大《おお》きな木《き》も、小《ちい》さな木《き》もあって、とおくから見《み》ると、もこもこっとしたかたち。

山《やま》には、しか、
いのしし、むささび、
鳥《とり》や、虫《むし》も、たくさ
んくらしています。
きっと、山《やま》にくら
す生《い》きものたちは、
すぐ下《した》にひろがる、
人間《にんげん》たちの町《まち》を、お
もしろそうに、見《み》て
いるだろう。

神社創建

昔から日本人はいろいろなところに神様をお祀《まつ》りし、神社を造ってきましたが、それは、便利な場所だからとか、環境が良いからお社《やしろ》を建てたというのではありません。春日大社は今から千二百年くらい前に、関東でお祀りされていた鹿嶋《かしま》・香取《かとり》の神様、また大阪の枚岡から藤原氏の祖先神であるアメノコヤネノミコト（天児屋根命）ご夫妻をお招きして、御《み》蓋山《かさやま》の頂上にお祀りしました。そしてこの御蓋山を含む春日の原始林のふもとには、奈良の都が造られ、当時二十万人くらい住んでいたといわれています。

鎮守の森と水

人は水がなければ生きていくことが出来ません。この春日の原始林からは、とてもすばらしい水が出るということを古代の人々はちゃんと知っていて、そこに神様をお祀りしたのです。そして御蓋山とその周辺を神様の山、神様の森として、人の手を加えることを禁止し、大切な鎮守の森を守り続けてきました。

それは祖先たちが、「人は自分の力だけで生きているのでなく、周りのものに生かされている」と考えて、人間も自然の中に生きる生命のひとつだという自覚を持っていたからに、他なりません。

そして今でも、この山から湧き出た水は最高の水です。残念ながら、自然開発によって近くに建物等が造られたために、水に不純物が混じり、生で飲むことは出来ませんが、しかし、水そのものはすばらしい水が出ています。ですから春日大社の神職は、お祭り前の潔斎《けっさい》に、必ずこの水を使っています。

断層と地のエネルギー

また春日大社の境内は、阪神淡路大地震を起こした活断層とつながっています。断層は地震が起きやすい場所といわれますが、それは地からのすばらしいエネルギーが湧き出てくる、つまり神様の力の湧き出る場所でもあるのです。昔の人は、どうして知ったのか、わざわざその断層の上に神社を造り、人々に地からのエネルギーを与えていたのです。

あの地震は一月十七日でしたが、その二日前、一月十五日に春日大社ではお祭りがあり、寒い季節ですから奉仕者の近くに、手あぶり用の火鉢が置いてありました。すると陶器の火鉢が突然カタカタと踊り出すという不思議なことがあり、皆、首をかしげていました。おそらく、これは地震の前触れで、春日大社には自然も多く残っていますから、地のエネルギーがそこから発散されたのでしょう。地震ではほとんど被害もありませんでした。

世界遺産登録へ

このように、春日大社のある場所は人間にとって大切な場所であり、そのことを知っていた日本人の祖先はすばらしい知恵を持っていたと思います。近年、そのような人々の生き方が現在も受け継がれている場所が、ユネスコの世界遺産に登録されました。春日大社と春日の神様の森である三十万坪の春日山原始林も、世界の宝となったのです。この森を守ってきた人々の努力が、自然の遺産としてではなく、文化遺産として世界遺産に認められたことの意味を、忘れてはならないでしょう。

鎮守の森と健康

ところで、神職は、ずっと鎮守の森に囲まれた神社で生活しています。境内《けいだい》を清掃し、お社をお清めし、毎日のお祭りをご奉仕します。いつも自然といっしょに生き、自分のためでなく神様が喜んでくださるためのご奉仕の暮らしをしているので、神職は健康で長生きをする人が多いのです。

よく森の中に入ると、自然のオゾンなどが多くて、森林浴効果で健康になるといいますが、神社の森はそれだけでなく、神様のお力が辺りに満ち満ちているので、それを毎日受けていると、ごく普通に健康で長生きするようになるのだと思います。

どうぞ皆さまにもぜひ、森に囲まれた神社の境内にたびたびおいでになって、神様のすばらしい「気」を受けていただきたいと思うのです。

ごぞんじですか?

おいしい水

私たちが現在飲んでいる水は、三〇〇〜四〇〇年前に降った雨が、地下に入り、ゆっくりと時間をかけて湧《わ》き水となったものです。これは先にも述べた通り、祖先が山の自然を残してくれたから、私たちはおいしい水を飲むことができるのです。

しかし現在のように、山の自然を破壊し続けたとしたら、子孫は、きれいな水を飲むことが出来ないでしょう。現在の人は目先の自分のことしか考えませんが、孫、ひ孫、ずっと続く子孫のことも考えてください。私たちも、祖先たちが行ってきたように、山に神様を祀り、未来に自然を残していかなくてはならないのです。

人間《にんげん》の五感《ごかん》

すてきな自然《しぜん》のすがた、そのなかにいらっしゃる、神《かみ》さまを、かんじよう。

め、きれいなけしきを、見《み》る。

みみ、鳥《とり》や、虫《むし》の、声《こえ》を聞《き》く。

はな、花《はな》の、いいかおりをかぐ。

て、土《つち》や、植物《しょくぶつ》に、さわってみる。

した、食《た》べものを、あじわう。

これを、五感《ごかん》、といいます。

体《からだ》、ぜんたいで、いろいろなものを、かんじて、知《し》ろう。

自然《しぜん》のすばらしさが、わかると、その力《ちから》が、体《からだ》のなかに、つたわって、みんなを、元気《げんき》にしてくれるんだよ。

それも、神《かみ》さまのおめぐみなんだ。

おうちの方へ

五感の仕組み

人間は、目でものを見る視覚、耳で音を聞く聴覚、鼻で匂いをかぐ嗅覚、舌で味わう味覚、そして皮膚で感じる触覚、の五感で刺激をとらえます。動物にも五感があり、それは人間より優れた感覚を持っています。犬の嗅覚は人間の一万倍も敏感だといわれ、警察犬として犯人を捜すのに役立っていますし、ある種類の鳥は、レーダーのように、何キロも先を見通すことが出来ます。

しかし人間は、ひとつひとつの五感の力は動物には及ばないけれど、五感全体でものを感じ、全身で自然の声を聞いて、神様の真実の世界を見るという特別な仕組みに造られています。

感じ取る刺激

たとえば目は、何でもかんでも見ていると思ったら大間違いです。そんなことをしたら人間はひっくり返ってしまう。目に映るものの中で、自分に必要な刺激だけ取り入れて見るようになっています。

周りの音も、鼓膜は必要な音だけを聞いています。必要でない音は聞いているようでも、聞いていないのです。だから補聴器をつけると、機械の補聴器はどれが必要な音なのか判断できないので、すべての音を拾ってしまう。始終やかましくて、やっていられません。これが約三十八億年かかって生まれた人間と、単なる機械の違いです。

人間の五感は摩訶不思議な働きで、外の刺激のうち自分に必要なものだけを、自分の刺激に変えて取り入れ、脳が判断してどう反応するか指令を返しています。しかし、あまりに我欲が強すぎて自分のことしか考えない、周りを無視して自分中心に行動する人間が多くなったために、いたるところで問題が起きてしまいました。ですが五感は、自分の欲求にしたがって生活するためにあるのではないのです。

何を感じるか？

では、五感をどう働かせたらいいのでしょうか？まず目で見る時、すばらしい自然の姿を見ることです。日本人は古来、循環とバランスによって成り立っている自然の中で、じっと自然の声に耳を傾けているうちに、すべての生きものの中には神様がおいでになり、我々にお恵みをくださっていることに気がつきました。そこからあらゆるものと共生する知恵を身につけたのです。

また春日大社では、大きなお祭りの時に必ずお香を焚いてお祓《はら》いをします。特別に調製したお香は、その香りであたりを清めます。耳で、神様に奉納される音楽を聴くことや、また神様の言葉の代弁である祝詞《のりと》を聞くこと。味覚は、自然の恵みをいっぱい受けた食べ物を味わうこと。湧き水のすばらしい力を肌で感じることなどもあげられますが、これら五感は、感覚を総動員して自然の姿や、その奥の神様を感じるためのものです。そうやってすばらしいものに触れていると、己の罪・穢《けがれ》が祓われて、人間本来の姿にたちかえり、健康で幸せな生活が出来ると考えられてきたのです。

おはらい

おはらい、を知《し》っていますか？神社《じんじゃ》で、神主《かんぬし》さんがしてくれるものです。

ヒラヒラした紙《かみ》が、いっぱいいっぱいついた、木《き》のぼうをもって、みんなの頭《あたま》の上《うえ》を、バサッ、バサッ、バサッ、って、ふってくれる、あれです。

毎《まい》日《にち》、生活《せいかつ》していると、知《し》らないあいだに、体《からだ》に、いろいろな、目《め》に見《み》えない、悪《わる》いものが、くっついてしまうことがある。

そうすると、そのせいで、元気《げんき》がでなくなって、びょうきになったり、いやなことが、たくさんやってくる。

けれど、目《め》に見《み》えないものだから、人《ひと》の力《ちから》では、どうしようもない。

だから、昔《むかし》の人《ひと》は、

「ここは、神《かみ》さまにおねがいしよう！おはらいをして、悪《わる》いものを、体《からだ》から、けしてしまおう。」

と、考《かんが》えたんだ。

そして、神社《じんじゃ》で、悪《わる》いものを、はらってもらった。

悪《わる》いものがきえたら、また、元気《げんき》があふれてくる。

ときどき、みんなも、お父《とう》さんや、お母《かあ》さんと、いっしょに、神社《じんじゃ》で、おはらいをうけてみない？

罪穢《つみけがれ》

私たちが普段なにげなく生活していると、知らず知らずのうちに罪穢が身についてしまい、本来清らかである人の本質を隠してしまいます。ここでいう罪とは、悪いことをしたということではなく、神様からいただいている人間本来の姿を、包んで隠してしまうもののことです。また穢とは、汚いということではなくて、我々を活かす気を枯らしてしまうもののことです。

これらは、自分の我欲《がよく》から生まれてきます。この罪穢があると、神様に通じるすばらしい姿である人の本質が見えなくなり、悩みや苦しみが出て来るマイナスの作用があります。それを逆のプラスの作用があるもの、神様のすばらしいお力に触れて、プラスの気を与え、マイナスの罪穢を消してしまおうというのが、日本人の「祓《はら》い」という考え方です。

とらえ方の違い

では、罪穢をどのようにして祓うのでしょうか？外国の人は、悪いものは取り除こう、それを征服しようという考えで行動します。しかし日本人はまったく違っていて、もともと悪いものというのは神様はお造りになっていない。ただ罪穢がつくと、マイナスの作用で悪いもののように見えてしまうだけ、という考えですから、取り除くのではなくて消そうとしてきました。これはすばらしい日本人の知恵です。

いろいろなお祓い

具体的な方法はいろいろありますが、まず毎年六

明日をつくる子どもたちに

読み物と絵本のしおり

▲●■★▲●■ 日野原重明先生の本 ■●▲★■●▲

明日をつくる十歳のきみへ
―一〇三歳のわたしから

これからのきみたちの生き方を語る

日図協選定図書　学図協選定図書

ISBN978-4-905194-90-3

1,100円

十歳のきみへ
―九十五歳のわたしから

命の大切さを考えるロングセラー

日図協選定図書　学図協選定図書

ISBN978-4-902385-24-3

1,200円

十代のきみたちへ
―ぜひ読んでほしい憲法の本

憲法は「いのちの泉」のようなもの

日図協選定図書　学図協選定図書

ISBN978-4-905194-73-6

1,100円

★▲●■★▲●■★▲●■★▲●■★▲●■★

ゲルニカ ―ピカソ、故国への愛

文・図版構成　アラン・セール
訳　松島 京子

ゲルニカの意味するものをわかりやすく描く。

日図協選定図書　学図協選定図書

ISBN978-4-905194-32-3

2,800円

イチョウの大冒険 ―世界でいちばん古い木

作　アラン・セール
絵　ザウ
訳　松島 京子

数千万年の間、大変動にたえてきた木の歴史。

学図協選定図書

ISBN978-4-905194-47-7

1,800円

ユニコーン

文・絵　マルティーヌ・ブール
訳　松島 京子

伝説の動物ユニコーン《一角獣》の小さな王国での感動の物語。

日図協選定図書　学図協選定図書

ISBN978-4-905194-57-6

1,600円

F

株式会社 冨山房《ふざんぼう》インターナショナル

〒101-0051 東京都千代田区神田神保町1-3

〔2015年5月現在〕

Tel:03-3291-2578　Fax:03-3219-4866／E-mail:info@fuzambo-intl.com

URL:www.fuzambo-intl.com

★本体価格で表示しています

日図協選定図書は〔(社)日本図書館協会選定図書〕の略

学図協選定図書は〔(社)全国学校図書館協議会選定図書〕の略

当目録に掲載している書籍は、全国の書店にてお求めいただけます。書店に在庫のない場合や、直接販売（送料をご負担いただきます）につきましては、小社営業部へお問い合わせください。
一般書のご案内は別にありますので、ご必要な方はお申し出ください。

【絵本】

やさしい かいじゅう

ひさまつ まゆこ 作・絵

みんなから、とてもきらわれていた怪獣が、あることをきっかけに大きく変わっていく〈こころの絵本〉。

第58回高知県出版文化賞受賞

日図協選定図書
学図協選定図書
ISBN978-4-905194-62-0
1,600円

谷戸《やと》であそぼう 春《はる》

相川明子 文／とみた しょうこ 絵

日本のどこにでもある里山。その自然とたわむれて自由に遊ぶようすと、たくましい育ちを描いた絵本。

日図協選定図書
学図協選定図書
ISBN978-4-905194-86-6
1,800円

おどる詩 あそぶ詩 きこえる詩

はせ みつこ 編／飯野 和好 絵

声に出して読んでごらん!! ほら、心がはずむ! 体はおどる! そんな、とびっきりのアンソロジー。

ISBN978-4-905194-92-7
2,200円

あたしのまざあ・ぐうす

北原 白秋 訳／ふくだ じゅんこ 絵

北原白秋と注目の絵本作家ふくだじゅんこ——ふたりが織りなす、美しく不思議なまざあ・ぐうすの世界。

学図協選定図書
ISBN978-4-905194-10-1
1,800円

どろぼうがないた

杉川 としひろ 作／ふくだ じゅんこ 絵

おかの上でくらすどろぼうが、はじめて流したなみだのわけは？ぬすんだ小さな箱がどろぼうの心を変える。

日図協選定図書
学図協選定図書
ISBN978-4-902385-47-2
1,800円

月と十二月の最後の日に行われる大祓《おおはらえ》の神事《しんじ》があげられます。人形《ひとがた》と呼ばれる人の形をした紙に、息を吹きかけ体をなでて、自分の身代わりとして罪穢を移し、水に流したり、浄火《じょうか》でお祓いします。これは歴史のある祭事で、現在も神社ごとに行われています。

ほかにもお祭りでは、神職が大麻《おおぬさ》で神饌《しんせん》や人々をお祓いしますし、よく唱えられるのが大祓詞《おおはらえことば》という祝詞《のりと》です。大祓詞というすばらしい力を持つ神様のお言葉を唱えてお祓いしています。

また重要なのが水です。お参りする前に手をすすぐ手水《てみず》や、神職が水をかぶってお祓いする禊《みそぎ》にも、欠かせません。これも本来は水道水ではなく、特別な神様の気を含んだ水が必要です。近いところでは春日の山から湧き出ている水、神様がいらっしゃるところから湧き出ている水ですね。古い神社にはよく川や井戸がありますが、水はあらゆるものを溶《とか》し込む性質がありますから、そこにおいでになる神様の気を含んだ清らかな水が流れています。

祈りの生活

私たちは、そういうすばらしい神様の気に満ちたものに触れることによって罪穢が祓われ、自身もプラスの作用でもとのすばらしい姿に甦《よみがえ》ることができるのです。そして気持ちを新たに神様の御加護《ごかご》を祈りながら生活させていただくこと、我欲を祓って健《すこ》やかで幸せな生活を送ることを、古来、日本人は願ってきたのです。

おまつり

神社《じんじゃ》では、いろいろな　おまつりをします。
神《かみ》さまに、朝《あさ》ごはんや、ばんごはんをさしあげる、毎日《まいにち》のおまつり。
月《つき》ごとに、行《おこな》われるおまつり。
しゅうかくを祝《いわ》う、秋《あき》まつり。
きせつごとの、いろんなおまつりがある。

なにをしているんだろう？
みんな、かわった、かっこうをしているね。
ごはんや、おさけや、くだものの、おそなえものを運《はこ》ぶ、神主《かんぬし》さん。
むずかしいことばを、おごそかにとなえる人《ひと》もいる。
きれいなみこさんが、歌《うた》にあわせて、ゆっくり、ゆっくり、まっている。
あれは　なにをしているのかな？

おうちの方へ

お祭りと文化

日本は、外国の物質文明が入ってきて、たくさんの物に囲まれ、生活は豊かになりました。しかし長い歴史の中で培われ、祖先が伝えてきた日本の文化は、だんだん消えつつあります。

いろいろな伝統文化のうち多くが、特に神社のお祭りとして残っています。それは、日本独自のもの以外にも、外国から入ってきた芸能があり、もとの国では滅びてしまったものの、日本では連綿《れんめん》と伝えられたものたちです。ですが、今はお祭りだけでなく、日本文化全体への関心が薄くなっており、とても残念です。

お祭りの流れ

お祭りというのは、ひたすら神様に喜んでいただくことだけを考えて奉仕するもので、もともとは自分の願いごとのために行っているのではありません。お祭りの内容は、祭りの主旨や各神社のしきたりで少しずつ違いますが、春日大社で毎月行われる旬祭《しゅんさい》(月並祭《つきなみさい》)では、およそ次のようになっています。

お祓《はら》い　初めに、お供え物、神職、参列の方をお祓いして清め、知らない間についてしまった罪穢《つみけがれ》を祓っておきます。尊い神様の近くに寄ってお祭りをするのに、穢れていて、それを神様にお移ししては恐れ多いので、より清浄に近づこうとするのです。

献饌《けんせん》　お供え物を、御神前にさし上げます。見た目もきれいに盛りつけた、米、酒、塩、水、季節の野菜や果物、魚、餢飳《ぶと》(昔の揚げ菓子)などです。本来は地元で採れたものをお供えし、神様のおかげで多くのものが収穫できましたと感謝して、捧げているのです。肉や匂いのきつい野菜は避けます。

祝詞《のりと》　宮司が、神様を褒《ほ》め称《たた》える祝詞を申し上げます。流麗《りゅうれい》な日本語で書かれた祝詞は、それだけでなにか圧倒される力を感じます。皆、頭をさげて聞きいります。

大祓詞《おおはらえことば》　全員で大祓詞を奏上《そうじょう》します。これは無我になって唱えると、神様の世界を見ることが出来るというすばらしい神様のお言葉です。

神楽《かぐら》　昔から伝えられてきた、神様を称える神楽歌にあわせて、きれいな御巫《みこ》さんが神楽を舞い、神様を御慰《おなぐさ》めします。

拝礼　参列の皆さまが、玉串《たまぐし》を奉《たてまつ》り、二礼二拍手一礼《にれいにはくしゅいちれい》の作法でお参りします。

撤饌《てっせん》　先ほどさし上げたお供え物を、さげてきます。

お祭りの心

このように、自分のことではなくて神様のことをいちばんに考えて心を砕くというのは、日本人独特の精神文化の現れだと思います。昔の人は、いちばんすばらしいのは神様だと知っていました。神様を認めると、神様のすばらしい力を分けてもらって幸せな生活が出来る、だから毎日欠かさず神祀りを行っていたのです。

しかし、自分の我欲を優先し、他人などどうでもいいと思う人が増えてしまったために、日本の文化は消え、混乱した社会になってしまいました。今こそもう一度、神社のお祭りをよく見て、その根本にある日本人の文化に目覚めなければならないと思うのです。

おうちの方へ
ことばの解説

大祓詞《おおはらえことば》について

祝詞《のりと》は斎主《さいしゅ》が神様に申し上げる言葉です。今の言葉とは違っているのでなじみにくいかもしれませんが、お祭りには欠かせないもので、その起源は神話にまでさかのぼります。今の祝詞は、祈祷《きとう》でお願いごともしますが、本来は神様が人々に言われている言葉です。

実は春日大社・第三殿の御祭神であるアメノコヤネノミコト（天児屋根命）は、天《あめ》の岩戸《いわと》神話の中で祝詞をあげられた神様です。その祝詞があまりにもすばらしく、その声があまりに美しかったので、アマテラスオオミカミ（天照大御神）が天の岩戸を少しお開きになった、という神様です。この神様は中臣氏《なかとみ》（後の藤原氏）の祖先神でもあり、それもあって代々、中臣氏はお祭りで祝詞を読む役柄を担ってきました。

そして、全国の神社で毎日あげられている大祓詞の祝詞は、中臣祓《なかとみのはらえ》ともいわれ、千年以上の歴史を持つもっとも広く用いられている祝詞です。名文で難しそうですが、リズムに乗っていて、しかも理屈がないのです。おそらく書いた人が神様の世界を見たのだろうと思います。体験しなければ書けません。だからこそ神様に通じる。だから続いているのです。神職でも、車のお祓いやお宮参りの時などに用いる祝詞を、上手に書く人はいます。しかしどうしても理屈の文章になってしまい、あんなに迫力のある祝詞が書ける人は、一人もおりません。

「話」というのは、単に言葉を音に出すのではなく心を放つことで、これが空気の振動となったものが「話」です。普通の言葉では無理ですが、神様からの言葉、つまり大祓詞を唱えると、その言葉の力で罪穢《つみけがれ》が祓われて元の姿に蘇るとされてきました。ここには、

「言葉には魂が宿っているので、良いことを言えば良いことが現れる」という言霊《ことだま》を信じていた、古代人の思想がよく現れています。

大祓詞は「高天原《たかまのはら》に神づまり坐《ま》す 皇親《すめらがむつ》 神漏岐《かむろぎ》神漏美《かむろみ》の命《みこと》もちて…」と始まりますが、それを「高い天の原に神さんが…」なんて意味を考えたら、いくら唱えても祓いは行われません。理屈のない神様の世界を、人間の作った理屈で解釈しようとしても、出来るわけがないのです。

けれど大祓詞が漢字で書いてあると、漢字を読んで意味を聞く人がありますので、当社では仮名書きのものを用意しました。まずは「た・か・ま・の・は・ら・に・…」と真摯《しんし》な気持ちで、理屈なく大祓詞を唱えていただきたいと思っています。現在の人々はあまりに理屈が多すぎますが、これで、理屈を言う人がちょっとでも減ったら、罪穢も祓われて、日本は幸せになるのではないでしょうか。

ひらがなの大祓詞　部分

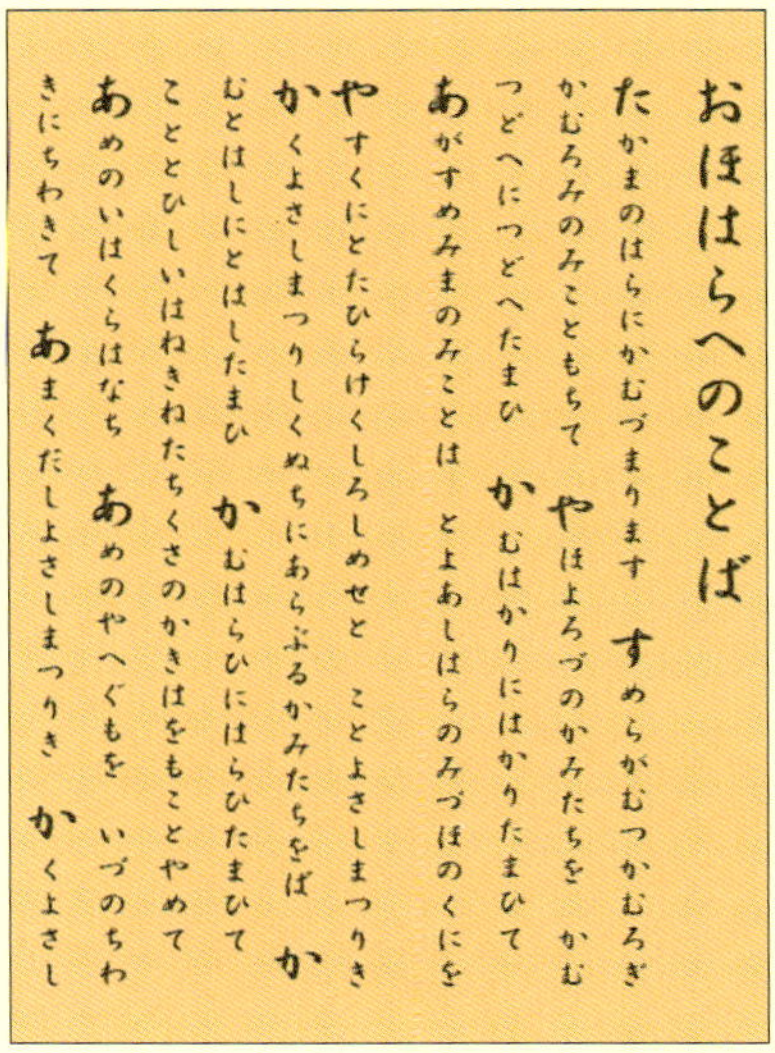

おほはらへのことば
たかまのはらにかむづまります　すめらがむつかむろぎ
かむろみのみこともちて　やほよろづのかみたちを　かむ
つどへにつどへたまひ　かむはかりにはかりたまひて
あがすめみまのみことは　とよあしはらのみづほのくにを
やすくにとたひらけくしろしめせと　ことよさしまつりき
かくよさしまつりしくぬちにあらぶるかみたちをば　か
むとはしにとはしたまひ　かむはらひにはらひたまひて
こととひしいはねきねたちくさのかきはをもことやめて
あめのいはくらはなち　あめのやへぐもを　いづのちわ
きにちわきて　あまくだしよさしまつりき　かくよさし

太鼓《たいこ》の鼓動《こどう》

ドンドンドーン
たいこが鳴《な》った。
秋《あき》のおまつり、はじまるたいこ。

ドンドンドドーン
たいこの音《おと》は、体《からだ》に、どんどん
どんって、ひびいてくるね。
なにかの音《おと》に、にていない？
なんだか知《し》ってる？

お母《かあ》さんのむねに、耳《みみ》をあてて
ごらん。
そうしたら、トクトクトクって、
鳴《な》っている。
ほら、いっしょ。
ドンドン
トクトク
お母《かあ》さんと、おなじリズムで、
うれしいな。
だからみんな、たいこの音《おと》がす
きなんだ。

おうちの方へ

鼓動のリズム

神社でお祭りの時、太鼓をたたきます。また全国に太鼓をたたく音楽や芸能がたくさんありますが、なぜ太鼓をたたくのでしょうか?

太鼓の音の、ドンドンというあのリズムは、赤ちゃんがお母さんのお腹の中にいた時に、ずっと聞いていた、お母さんのお腹の動脈の鼓動の音と同じです。ですからこの鼓動の音を聞くと、人間は心が穏やかになってくるのです。

生まれたての赤ちゃんが泣いて、どうしても泣きやまない時でも、お母さんのお腹の上に寝かせて、お母さんの鼓動の音を聞かせると、すやすやと眠るということがよくあります。それくらいお母さんの鼓動は、人間がいちばん心が休まる音なのです。ですから日本では、太鼓をどこでもたたくのですね。

祭りの太鼓

春日大社でも、お祭りの前には必ず太鼓をたたきます。そのドンドンという音を聞くと、皆、心が引き締まり、これからお祭りが行われるという気持ちになってきます。太鼓の音は実にすばらしい音です。これを祭りに用いている日本人の知恵も、私はすばらしいと思います。

ケンカしない祖先《そせん》たち

昔《むかし》のお話《はなし》。

日本《にほん》の国《くに》の人《ひと》びとは、思《おも》い思《おも》いに、くらしていました。

海《うみ》のちかく、野原《のはら》、山《やま》のなか、いろんなところに、人《ひと》が住《す》んでいたのです。

ある日《ひ》、海《うみ》のちかくに住《す》む人《ひと》が、つぶやきました。

「毎日《まいにち》、毎日《まいにち》、魚《さかな》ばかり食《た》べていて、あきてしまったよ。」

それを聞《き》きつけて、野原《のはら》で生活《せいかつ》している人《ひと》が、言《い》いました。

「それならわたしがつくった、お米《こめ》や野《や》さいを、あなたの魚《さかな》と、とりかえっこしてください。」

「まった、まった。わたしのところは、木《き》のみやキノコがとれるんだ。」

山《やま》でくらす人《ひと》も、くわわります。

「じゃあ、みんなで食《た》べものをもちよって、こうかんしようじゃないか。」

「それがいい。」

山《やま》や、野《の》や、海岸《かいがん》に住《す》む人《ひと》たちは、さっそくそれぞれの家《いえ》から、いろんな食《た》べものをもちよって、あつまりました。

「いやぁ、どれもごちそうばかりだ。」

「おいしそう。」

目《め》の前《まえ》には、山《やま》のさち、野《の》のさち、海《うみ》のさちが、どっさりならべられます。

「さぁ、見《み》ているだけじゃなくて、ひとくちあじわっておくれよ。うちの、じまんのごはんだよ。」

「それは、わたしのところも、おんなじだ。」

「それなら、いっしょに。」

「いただきます。」

みんなはなかよく、食《た》べたり、おどったり、わらったり、しゃべったり、おおさわぎ。

とっても楽《たの》しくて、あっというまに、時間《じかん》がたってしまいました。

やがて、夕《ゆう》ひがかがやきはじめました。そろそろ、家《いえ》に帰《かえ》らなくてはなりません。

みんなは、帰《かえ》りじたくをはじめて、くちぐちに言《い》いました。

「きょうは、ありがとう。」

「いやぁ、こっちこそ。楽《たの》しかった。」

「また、次《つぎ》も、いっしょにごはんを食《た》べましょう。」

「だいさんせい！」

「それじゃ、また。」

「さようなら。」

「さようなら。またね。」

みんなおなかがいっぱい。えがおもいっぱい。

はしゃぎすぎて、ちょっとつかれていたけれど、幸《しあわ》せなきもちで、いえじにつきました。

おうちの方へ

祖先の暮らし

縄文時代、日本列島にはいろいろな民族が住んでいて、山に住む氏族、野に住む氏族、川の近くに住む氏族、海の近くで生活する氏族などたくさんおりました。海の近くに住む人は、海のものは豊富にあるのだけれど、山の幸《さち》はない。逆に山に住む人は、山の恵みは多く受けていても、海の魚は口に出来ません。

けれど人間は、いろんなものをまんべんなく食べないと、健康にはなれません。そのために、あちこちに住む氏族が、お互いに食物を交換しあって、みんなが平等に食物が食べられるようにしました。その役割のひとつを神社が果たしていたように思うのです。

祭りの役割

神社のお祭りには海、山、野のそれぞれの幸を、神様にお供えします。今なら、ちょっとスーパーに行ってくれば、なんでもたくさんそろいます。しかし昔はそうはいきません。海のない奈良で、海の魚をお供えすることは難しかったはずです。

ですがこの春日大社では、古くから鯛《たい》がお供え物にあがっていました。おそらく大阪や和歌山の海で捕れたものが運ばれてきているのでしょう。海の近くに住む人々が、奈良の春日大社を崇敬してきたから、御神前にあがったのだと思います。海の近くに住む氏族と、奈良にいる野や山の氏族とが争っていたら、海の魚は手に入りませんから、昔から繋がりがあったことが分かります。

また全国に、一の宮、二の宮、三の宮という場所があります。これは、それぞれの氏族が祀《まつ》っている産土神様《うぶすながみさま》や氏神様《うじがみさま》のほかに、あたり一帯を治める神様をお祀りしたことの名残です。いちばん大きな神社を一の宮、次を二の宮、三の宮といい、地域みんなの神様という感覚でしょう。いろいろな氏族が心をひとつにして崇敬する神社を創建し、お祭りの時には、自分のところの特産物を持ちよって神様にお供えしました。うずたかく積み上げられたお供え物の様子は、神職の唱える祝詞《のりと》に、決まり文句のように出てきます。

そしてお祭りが終わった後、お供え物を下げてきて、その場の全員でいただくのが「直会《なおらい》」という行事です。お祭りに直会はつきものでして、共に食事をとってお互いの交流を図ったのです。これはすばらしい知恵だと思います。

争わない生活

日本人は、もともとは争わない民族です。日本列島は、環境には恵まれていますが、土地は狭い。そこに人々は住み続けてきました。こんな狭いところでケンカばかりしていたり、自分のやりたいことばかりやっていたら生きていけませんから、共通の神様をお祀りして争わず、共生するというすごい発想を日本人は持っていたのです。

神《かみ》さま ご祖先《そせん》に かんしゃしよう

朝《あさ》、

「おはよう。」

って、起《お》きたら、おうちの神《かみ》だなの前《まえ》に、みんなしゅうごう。

神《かみ》さまに、お参《まい》りしよう。

ほかほかの、ごはんをあげて。

お水《みず》も、おそなえ。

「パン パン」って、手《て》をたたく。

お父《とう》さんと、お母《かあ》さんと、さぁ、いっしょに、

「神《かみ》さま、ありがとう。きょうも、よろしく、おねがいします。」

って、言《い》いましょう。

そのあと、みんなも、朝《あさ》ごはんを、

「いただきます。」

おうちの方へ

一日の始まり

日本人が世界に誇るすばらしい生き方はいろいろありますが、その中でいちばん大きいことは共生です。共生とは、自然のすべてのものといっしょに生きようという、日本人独特の自然観ですが、自然だけでなく、目に見えない神様や祖先ともいっしょに生きようとしているのが日本人のすばらしさです。

人々は昔から、神様やご祖先に感謝することをまず考えて生きてきました。ですから朝、第一番に神様やご祖先に、水や塩や酒、ごはんをさし上げて、生かされていることに感謝し、お参りしてから、一日が始まります。

祈る姿

神様や仏様の前に行くと、両手を合わせて拝むでしょう。なぜ両手を合わせるのか？

理屈を言う人もいますが、神様や、仏様や、ご祖先を敬《うやま》う気持ちになると、自然に両手を合わせて拝むようになるのですから、特別な理由は必要ありません。理屈を言わないで、手を合わせてください。

自然と、神様や仏様のお恵《めぐ》みが現れてきます。

形としてはっきり分かることをよしとする現在の風潮からは、分かりづらいかもしれませんが、普段、何気なくやっていることに、お恵みが現れてくる、神様・仏様の御加護《ごかご》というのは、案外そういうものだと思います。

後ろ姿を見せる

お子さんはまだ何も知らず、難しいことは分からないかもしれません。けれどお父さんやお母さんが毎日神様に感謝して拝んでいる姿を見せていたら、自然と真似をするようになるものです。

「ありがとう」という感謝の気持ちは、なにも神様だけに限ったことではありません。まず神様、ご祖先に感謝し、次はお父さんお母さんありがとう、そしてお互いにありがとう。いっしょに生きているいろいろなものに「ありがとう」ということです。そうしたら、感謝の気持ちを忘れない、りっぱな日本の子どもになってくれます。

毎日、ありがとうございますと理屈なく繰り返して行っていると、いつの日か、すべてのことに手を合わせて感謝できるようになります。どうか、子どもさんといっしょに毎日続けてください。

春日大社境内の石碑

食料《しょくりょう》の保存《ほぞん》

ずうっと昔《むかし》から、日本《にほん》の国《くに》の人《ひと》びとは、食《た》べものを、大切《たいせつ》にしてきました。

海《うみ》でとれたもの、山《やま》でひろったもの、野《の》でさいしゅうしたもの、いろいろなところから、食《た》べものはとれます。

けれどそのためには、みんなが、あちこちに出《で》かけて、歩《ある》きまわって、食《た》べものをさがさないといけません。

そうやってがんばっても、ときには、食《た》べものが、手《て》にはいらないときだって、あったのです。

それに、寒《さむ》い冬《ふゆ》になると、食《た》べものがあまりとれなくなります。

おなかがすいても、なにも食《た》べることができません。

人《ひと》びとは、そんなことがないように、食料《しょくりょう》を保存《ほぞん》することを考《かんが》えだしました。そして食《た》べものが少《すく》

ないときに食《た》べられるようにしたのです。

だからみんなも、ごはんを大切《たいせつ》にしましょう。

ごはんを食《た》べるときには、お米《こめ》や野《や》さいを、大事《だいじ》につくってくれた人《ひと》に、かんしゃして、

「ありがとう」

と、手《て》を合《あ》わせましょう。

縄文時代の漬物

大昔の人は、食べ物がある場所が住処《すみか》でした。ですからそこに食べ物がなくなると、他のところへ移動して生活していました。今から二万年くらい前になると、世界で初めて日本人は定住するようになり、その時、土をこねて焼いて作った土器という壷をこしらえました。土器には縄で、縦や横に飾りの模様をつけたので、この壷を縄文土器、この時代を縄文時代といいます。

この縄文土器に食べ物を貯えることで、食べるものが少ない季節でも、ごはんが食べられるようになり、人々は幸せに定住することが出来たのです。たぶん貯える時には、塩を入れて保存をきかせることもあったでしょう。塩は、生命力あふれる海の水から作られますから、塩漬けにするとそこに生命が生まれ、腐敗菌が寄り付きにくくなるのです。

日本人は、漬物、味噌、醤油など、多くの塩分をとりますが、最近はただ栄養やカロリーで考えて、高血圧の人は塩辛いものは控えるようにいいます。しかし、同じ塩でも、味噌や醤油で醗酵させた塩は、そのままの塩とは違う力を持っているのです。

今でも、お母さんが漬物を作るのは、昔の人がやってきた食料保存の知恵が、ずっと伝えられてきた証《あかし》です。五十年ほど前までは、各家庭には、樽で糠漬《ぬかづ》けにしたり、菜っ葉を塩漬けにして、野菜を貯えることが常に行われてきました。しかし年々、輸入の食料がたくさん入り、食料が豊富になって食べ物のありがたさなど忘れ、粗末に扱うようになってしまいました。

食料と神様

食べ物は、自然の土地から与えられたものですから、もっとも神様に感謝しなければならないものです。神社でお祭りの時、神様にお供えする神饌《しんせん》（神様の食事）は、とても大切なものなので、神職はお盆などにのせて神饌を運ぶ時、自分の息がかかると神様に失礼だと考えて、息のかからない目の高さにささげ持ち、神様にお供えしています。これはいかに食べ物を大切にし、この食物を与えてくださった神様に、感謝しているかということを表しています。

食糧輸入と自然破壊

現在は日本の経済的な豊かさから、外国からどんどん食糧が輸入されてきますが、日本に食糧を輸出するために、外国では大規模な農地開拓が行われ、自然が破壊されていることに日本人は気がついていません。我々が食べ物を粗末にすることで、地球の自然の破壊が行われているのです。日本人は本来の田んぼや畑で出来るだけ多くの食物を作り、日本で採れたものを食べることが、日本人の体にもっとも良いことであることはもちろんです。それだけでなく、それが世界の自然破壊を防ぐことにもなるのです。食糧を輸入に頼るのは最小限度にしなければならないと思います。

今我々は、日本人の祖先が昔から伝えてきた食べ物のありがたさ、大切さを忘れて、大変な過《あやま》ちを犯しているのです。

みとめる

みんなは、野原《のはら》にさいている、花《はな》を見《み》ると、かわいいなと、思《おも》うでしょう。

イヌは、花《はな》のにおいを、フンフンかいで、いるけれど、花《はな》がきれいだって、知《し》っているのかな？

でも、どうして、花《はな》はさくの？　どうして、木《き》の葉《は》っぱは、春《はる》になったら、はえてきて、秋《あき》になったら、かれて落《お》ちたり、するんだろう？

きっと、なにかある。ふしぎな力《ちから》が、はたらいている。そんな、きがするんだ。

人には、見《み》えないものだけど、イヌは、見《み》えているのかな？

たぶん、目《め》に見《み》えない、神《かみ》さまが、そこに住《す》んでいるんだろう。

木《き》に住《す》んでいる、木《き》の神《かみ》さまが、花《はな》をさかせたり、葉《は》っぱをつくったり、しているんじゃないかな。

それに、木《き》だけじゃなくて、いろんなところに、神《かみ》さまっているみたい。

ほら、じっと見《み》ていると、目《め》に見《み》えない神《かみ》さまが、見《み》えるようなきがしない？

あっちも、こっちも、たくさんの神《かみ》さまが、みんなのことを、見《み》ているよ。

おうちの方へ

花の色

世の中は、認めたものが現実に現れてきます。そして、見たものと同じものがこちらにないと、認めることはできません。野に咲く花が美しいと感じるのは、我々に美しさを感じる心があるからです。

それが赤い花だとしたら、どうして赤いと分かるのか？　とても不思議なことです。

科学的に説明すると、まず光が花にあたります。すると摩訶不思議《まかふしぎ》なことに光の七色の波長のうち、赤の波長だけが反射され、それが人間の目を通して脳の視覚中枢というところに伝わる。すると、脳が判断して「これは赤い花だ」という感覚が起こるのです。

犬の場合だと、犬の脳は白と黒しか見分けられないので、犬は赤い花を見ても白か黒にしか見えません。

それに花の存在は分かっていても、きれいだなとは思わないでしょう。自然の同じ姿を見ても、犬が見ている世界と人間が見ている世界とはまったく違う世界があるのです。

このように、受け手が異なると、同じものでも違ったものとなります。ですから、認めるということは、あくまでも受け手側の感じ方なのです。

そう考えると、人間が見える世界だけが真実の世界だということは、間違ってきます。また、今の世の中、科学で証明できるもの、目で見えるものだけを信じ、それ以外は信じないという人が多いのですが、これも大変な間違いです。

人はいろいろなことで悩んだり悔やんだりしますが、世の中の現象を心の中で、悪いように受け止めて、それを認め、不平不満を言ったり、悩んだりするから、不幸が現れ、世の中も悪くなってゆくのです。

認めたものが現れる

認めるというのは、まずは目を留《と》めることです。神様の真実の世界を見るためには、神様を認め、自分の中に神様の心を持たなければ見ることはできません。そのためには、草や木や、きれいな花や、その奥にいらっしゃる神様を、認めることができる心を持ちましょう。

今の日本は、テレビや新聞などで、悪いニュースばかり流しています。しかもそれを最大限に大きく報道し、人々が毎日それを見たり聞いたりしていたら、世の中がだんだん悪くなってくるのは当たり前です。たとえどんな悪い現象が起きても、その中の良いところを認めて、それを報道するようになれば、日本の国は明るくなるのにと、残念です。

たとえ現在が困難な状態でも、理屈でものを考えたり見たりするのをやめて、自分の心から我欲《がよく》を捨て、すべて神様のお導きと感謝すること。どのようなことでも悪いことだけを認めずに、良い面を認め、神様を認めるようにすれば、認めたものが現れます。

つまり、尊い神様のお恵《めぐ》みが現れ、病気や悩みや不幸はどんどん少なくなり、おのずから幸せな世の中となってゆくのです。そうやって神様のお導きのままに生きるという生活は、大変難しいことですが、難しいことを乗り越えてこそ、真実の幸福が現れてきます。

かんしゃと はんしゃ

神《かみ》さまの前《まえ》で、右《みぎ》と、左《ひだり》の、手《て》を合《あ》わせて、目《め》をつぶると、なにも見《み》えません。

見《み》えないけれど、なにかが、見《み》えるきがする。

神《かみ》さまって、なんだか、わからないけれど、あったかいきもちの、するものです。

あったかいきもちで、見《み》守《まも》ってくれる、神《かみ》さま。

「ありがとう」って、手《て》を合《あ》わせよう。

みんなが、

「神《かみ》さま、ありがとうございます。」

と、言《い》って、かんしゃしたら、そのきもちが、ポーンととんでいって、神《かみ》さまのところに、とどく。

すると、神《かみ》さまがきがついて、たくさんの、おめぐみを、返《かえ》してくださるんだ。

祈願と取り引き

神社に毎日、たくさんの方が御祈祷に来られます。例えば、子どもの入学祈願にお母さんと子どもさんが来られます。希望通りの学校に子どもが合格するように、お祈りされます。そして思い通りになったら、ありがとうございますと感謝するお母さんはいますが、希望通りの学校に入学できなくて、ありがとうございますと感謝するお母さんはいません。これは本当の感謝ではないのです。お賽銭《さいせん》をこれだけあげますから、その代わりに子どもを希望の学校に入学させてくださいという、取り引きと同じです。

本当の感謝は、こちらからお願いする前にまず感謝することです。何事も願わない前にありがとうございますと感謝すれば、神様はこちらの願いを知っておられますから、神様がいちばんいいと思う学校に入学させてくださいます。しかし、今の人はなかなかこれが出来ません。

太陽の暖かさと感謝と反射

皆さまは、太陽の光は明るく、暖かいと思っているでしょう。けれど、それならばなぜ、太陽の光が飛んでくる、太陽と地球の間の宇宙空間は真っ暗で、冷たいのでしょうか？ それを誰も不思議だとは思っていません。本当は、太陽の光は明るくも暖かくもない、単なる波動です。それが地球の周りを取り巻く空気にあたると、そこに反射して、明るい光と暖かい熱が出てくるのです。

これと感謝は同じことです。光と熱が出てから太陽の光が空気に反射するのではなくて、反射したら暖かい光と熱が出てくる。ですから、何か御利益がもらえたら感謝するのではなくて、まず理屈を言わないでありがとうございますと感謝すると、お恵みがいただけるのです。

感謝の心

けれど、どんな時でも「ありがとうございます」と手を合わせるのは難しいことです。病気で死にそうになっても、会社が倒産しても、ありがとうございますと言えますか? けれどこれが本当の感謝です。お金が儲かって、ありがとうございますと言うのは、誰だって言える。苦しい時でも、ありがとうございますと言えるのが信心です。

しかし、多くの人は結果ばかりを追い求めるから間違ってきます。会社が繁昌するために神様をお祀りするのではなくて、一生懸命やって神様に毎日感謝していたらその反射で、しぜんと会社が繁昌し、健康に生活できるのです。

信仰というのは、それを信じたら、ばら色の人生に変わるというのとは違います。信仰をしたら、苦しみが苦しみでなくなって、神様の世界が見えてくるというのが信仰です。自分の心が変わって、神様に近づくためにするのです。すると、お恵みは後からついてきます。

それぞれの国《くに》の命《いのち》

地球《ちきゅう》には、国《くに》がいっぱいあって、
おおぜいの人《ひと》が生《い》きている。
日本人《にほんじん》、
アメリカ人《じん》、
フランス人《じん》……
いろんな国《くに》の、人《ひと》たちが、自分《じぶん》の国《くに》を、大切《たいせつ》にして、その国《くに》に生《う》まれたことを、ほこりに思《おも》って、
生《い》きている。

自分《じぶん》の国《くに》と、おなじくらい、ほかの国《くに》の、人《ひと》たちを、大切《たいせつ》に思《おも》ったら、きっとみんな、なかよくなれる。たくさんの人《ひと》が、いっしょに、がんばったら、ひとりでするより、もっと、いろんなことができるだろう。

イノチの違い

人間の命はすべてが同じだと、多くの人が考えています。しかし国によって歴史は違いますから、歴史の積み重ねから生まれるその民族の命は、日本人のイノチ、アメリカ人のイノチ、中国人のイノチ、イギリス人のイノチ、フランス人のイノチ、など、それぞれすべてが違うのです。

ここでいうイノチとは生きるための知恵です。これは、代々の祖先が経験してきたことが、知恵となって伝わってきます。

世界にはたくさんの民族が住んでいて、それぞれの歴史が違うように、それぞれの伝統があり、伝わってきたイノチも違います。雪の降らない熱帯の島に住む人に、北国に住む人の雪の知識が必要ないのと同じで、それぞれの国の人々はそれぞれにあった生きるための知恵＝イノチで生きているのです。

ですから日本人は、日本の祖先たちが気候風土に合わせて順応し、経験の中から守り伝えてきた知恵によってこそ、生きることができるのです。外国人の知恵で、外国人の真似ばかりしていては生きられません。

国際化の意味

現在は国際化ということが盛んに言われていますが、これは単に外国のことを真似るという意味ではありません。人間の体は、お母さんの一個の卵細胞が無数に増えて出来ているのですから、みな同じ細胞です。それなのに、それが脳や目や、胃や腸など、あるグループになると、それぞれ違った働きをするでしょう。そしてこれらがバランスを取った時、我々は健康に生きていけるのです。人間の体も世界も同じです。

世界中のいろいろな国の人々が、それぞれが自分の民族に誇りを持ち、その特色を活かしたまま協力しあい、調和してゆくことが真の国際化です。そういう単一ではない多様性こそが、人間が進化発展してきた原点なのです。

これから先へ

戦後、日本の歴史や伝統をすべて悪いことだと否定して子どもたちに伝えなくなりました。イノチは歴史から伝わるもので知識からは伝わりません。しかし、理屈理論で成り立っている外国の影響を受けて、日本でもすべて理屈で物事を判断するようになったため、子どもたちに日本人のイノチが伝わらなくなりました。そのために親子の断絶や、教育の破壊や、たくさんの悪い出来事が日本に現れてきたのです。

これはもう一日も早く日本人の原点にかえって、祖先が伝えてきた日本人の真実の心、イノチを、大切に子どもたちに伝えなければなりません。そうして、日本人の心に目覚め、日本がすばらしい良い国によみがえるよう、私たちが力を合わせて、進んでいかなくてはならないのです。

あとがき

たくさんのこと、えでお話《はな》ししたでしょう？
春《はる》、夏《なつ》、秋《あき》、冬《ふゆ》、の、きせつごとにかわる、自然《しぜん》のこと。
たくさんの、生《い》きものたちが、生《い》きていること。
昔《むかし》の人《ひと》の、生《い》きかた。
目《め》に見《み》えない、神《かみ》さまのこと。

見《み》えない神《かみ》さまに、見守《みまも》られて生《い》きている、みんなのこと。
どこかでつながっている、世《せ》界《かい》のこと。
ふしぎなことが、いっぱいあったね。
右《みぎ》のえを、見《み》てごらん。
ふじさんの、え。

しんかんせんにのると、雪《ゆき》をかぶった、ふじさんが、見《み》える。ほんとうに、きれいだね。

高《たか》い山《やま》は、世界《せかい》じゅうに、たくさんあるけれど、ふじさんみたいに、きれいなすがたの山《やま》は、それほど多《おお》くは、ないでしょう。

日本《にほん》に、どうしてこんなにかっこいい山《やま》が、あるんだろう？

これまで、お話《はなし》を、読《よ》んでくれたみんなには、わかるでしょう？

ほかにも、いろんなことに、めぐまれている、日本《にほん》のことを書《か》きました。日本《にほん》ってほんとう、すごくいいところだね。

この日本《にほん》に、生《う》まれてよかったって、じまんしよう。

こんなすてきな国《くに》をつくってきた、神《かみ》さまや、とおい昔《むかし》の人《ひと》や、お父《とう》さん、お母《かあ》さんに、ありがとうって、言《い》おう。

山《やま》の木《き》も、川《かわ》の水《みず》、いろんな生《い》きものも、ぼくたち自身《じしん》だって、知《し》らないあいだに、おたがい、助《たす》けあって生《い》きているんだよ。

みんな、ありがとうっていうきもちを、ずっと、わすれないでね。

はむろ よりあき

あとがきにかえて

おうちの方へ

戦後は、日本の過去はすべて悪いものであるかのように、歴史も伝統も否定してしまいました。そのため、子どもたちは日本人の心を忘れ、日本人だという自覚も誇りも失っています。どんな国の人でも自分の国に誇りを持っているのに、こんなことは世界でも日本人だけでしょう。そのため、日本の将来への危機感を、多くの方がお持ちです。

ですから私は、より多くの子どもさんや親御さんに語りかけ、少しずつでも日本の未来に貢献できるような本を作ることが念願でした。どうか、子どもさんたちに、日本が自然に恵まれたすばらしい国であるということや、何ごとも神様・ご祖先のお恵みのおかげで生かされていると感謝の心を忘れなかった伝統を、伝えて欲しいのです。

また、本書の挿し絵は、私の語る心を表現するため、春日大社の神職をはじめとする職員が苦心を重ねて描いた絵であります。文章も、子どもさんとお家の方へと、それぞれに伝えてゆきたいことを心をこめて書きました。まったくの手作りの本ですが、そこにこだわった思いの深さを知っていただければ幸いです。そしてぜひ、子どもさんに理屈なく、語ってあげてください。

私はこれから、第二、第三と、このような本を作り、日本全国のお母さん、お父さんにお見せしようと、奮闘中です。若い世代の親御さんたち全員が、日本の国の良さに目覚めてくださったら、どんなに日本の国は明るくすばらしい国になるでしょう。

最後となりましたが、本書を作るにあたりご尽力いただきました(株)冨山房インターナショナルの皆様、数々の励ましや応援をいただきました皆様へ、篤《あつ》くお礼申しあげます。

葉室　頼昭

《著者略歴》

葉室　頼昭

昭和 2 年　東京に生まれる
昭和 28 年　学習院初・中・高等科をへて、大阪大学医学部卒業
昭和 30 年　大阪大学医学部助手
昭和 33 年　医学博士
昭和 38 年　大阪市大野外科病院長
昭和 43 年　葉室形成外科病院を開業
昭和 57 年　大阪国学院通信教育部入学
平成 3 年　神職階位・明階を取得
平成 4 年　枚岡神社宮司
平成 6 年　春日大社宮司
平成 11 年　階位・浄階、神職身分 1 級を授けられる
平成 21 年　逝去

日本人の根底に流れる神道の世界を、わかりやすく説いた著書が好評を得る。「〈神道〉のこころ」「神道と日本人」「神道 見えないものの力」「神道〈いのち〉を伝える」「神道 感謝のこころ」（以上、春秋社）など多数。

にほんよいくに 全6巻

①　日本《にほん》の神《かみ》さま

2　イノチをつたえる

3　神社《じんじゃ》のおまつり

4　すばらしい伝統《でんとう》

5　努力《どりょく》とかんしゃ

6　日本人《にほんじん》の原点《げんてん》

にほんよいくに　1

日本の神さま

2015年12月14日　第1刷発行

著　者　葉室頼昭

発行者　坂本喜杏

発行所　株式会社冨山房インターナショナル

〒101-0051 東京都千代田区神田神保町 1-3

TEL. 03-3291-2578　FAX. 03-3219-4866

URL www.fuzambo-intl.com

製　版　東京平版株式会社

印　刷　株式会社ウエマツ

製　本　加藤製本株式会社

ISBN978-4-86600-000-8 C8312 NDC150